AF149641

HERZKLOPFEN

MEINER

LIEBE

Wundertütenpoet

VON

TINA HÜSCH

DIE MÖGLICHKEITEN
VON POESIE UND GLÜCKSELIGKEIT

Bibliografische Information der Deutschen Nationalbibliothek: Die
Deutsche Nationalbibliothek verzeichnet diese Publikation in der
Deutschen Nationalbibliografie; detaillierte bibliografische Daten
sind im Internet über dnb.dnb.de abrufbar.

ISBN: 9783734781476

Herstellung und Verlag: BoD – Books on Demand, Norderstedt

ABOUT ME

Tief in mir lebt die Liebe und glaubt daran, dass es auf der Erde einen Ort gibt, wo alle Gefühle in Glückseligkeit nebeneinander leben und die Seelen tanzen.

Mein Herz liebt Harmonie und die Emotion der innigen Verbundenheit mit der Erkenntnis, dass alles in allem versteckt ist.

So bin ich die mit dem Kleinkinderglück in der Hosentasche und dem Grinsen in der Seele.

In meiner Welt lebt immer ein Funken Hoffnung und die Zuversicht geht nie verloren.

Ich mag meine kindliche Naivität und bin mir sicher, dass, wenn ich mir die Welt schön erdenke, die Zukunft sie mir auch schön erbringt.

So glaube ich an die Zauberkraft der eigenen Gedanken und die Magie der Gefühle. Die im Außen eine Welt entstehen lässt, die meiner inneren Welt gleicht.

Es ist mein größter Wunsch, dass, egal was passiert, Liebe und Freude immer in meinem Herzen leben und mir helfen, einen Regenbogen der fröhlichen Heiterkeit entstehen zu lassen, so dass jeder Mensch tief in seinem Herzen berührt wird.

Komm mit mir und folge der Liebe, erkenne, dass sie bleibt, wenn auch alles andere vergehen mag.

TINA

FÜR

DIE GLÜCKSELIGKEIT

MEINER LIEBE ...

Für alle,

die daran glauben,

dass irgendwo die Liebe lebt.

Für Dich,

weil Du die Liebe

bereits in Deinem Herzen gefunden hast

und sie mit Deiner Fröhlichkeit

hinaus in die Welt trägst,

auf dass sie nie vergeht.

INHALT

EINBLICK, EINSICHT, ERKENNTNIS ...

Die Reise unseres Lebens ist nur ein Wimpernschlag in unserer eigenen Ewigkeit und doch ist sie, obwohl eigentlich nur ein Augenblick, für uns die einzig reale Zeit, die wir zur Verfügung haben.

Somit sollten wir unser Leben mehr genießen, um die Augenblicke mit schönen Dingen zu füllen ... und was gibt es da Schöneres als die Liebe?

Die Liebe ist das positivste Gefühl, das uns in unserem Leben begegnen kann. Sie lässt uns frei und fröhlich sein, malt die Glückseligkeit in unsere Herzen und bringt unsere Augen zum Leuchten.

Dadurch entsteht ein Hochgefühl in uns, das uns Flügel verleiht.

Doch die Erde ist ein Ort des Dualismus. Überall dort, wo es wundervolle Dinge gibt, existiert auch der genaue Gegensatz, und so kann die liebe Liebe uns auch in die tiefste Traurigkeit und den schlimmsten Kummer stürzen, wenn sie unerfüllt bleibt.

Dann läuft die Sehnsucht in unserem Herzen über und lässt uns keinen klaren Gedanken mehr fassen, die Kehle brennt, das Blut pulsiert, unser ganzes Sein wird durch eine tiefe Trauer bestimmt.

Was fehlt uns genau in diesen Momenten, wenn wir die Kontrolle über uns selbst so gut wie verloren haben? Ist es der Mensch, den wir glauben zu lieben, oder ist es eine unerfüllte Sehnsucht tief in unserem Inneren, die wir selbst außerstande sind zu füllen und sie deshalb versuchen, im Außen zu befriedigen? Und ist es überhaupt möglich, diese Sehnsucht, die sich in einem selbst im Ungleichgewicht befindet, durch einen anderen Menschen stillen zu können?

Ist es nicht oftmals nur die Idee von einem Bild, das wir uns von einem Menschen erschaffen haben, was unser Herz höherschlagen lässt, und bleibt bei genauerer Betrachtung von diesem Bild oft nicht mehr übrig als eine leere Leinwand mit ein paar rudimentären Strichen von dem eigentlich Erhofften? Wäre es nicht besser, gerade in der Liebe einen klareren Blick für das Gegenüber zu haben, um zu erkennen, was von dem – in das man sich eigentlich verliebt hat – überhaupt existiert und was von alledem nur eine Fiktion im Kopf und dadurch zur Sehnsucht des Herzens geworden ist?

Ja, es ist nicht einfach mit der Liebe, doch das ist es gerade, was uns fasziniert, denn nur die Liebe kann dem Menschen das geben, was er ein ganzes Leben sucht, nämlich ein Stück eigene Vollkommenheit, da man sich in den Augen des anderen wiedererkennen kann, sich bestätigt, geliebt und anerkannt fühlt.

Aus diesem Grunde wird es auch immer wieder Menschen geben, die sich nicht in ihren Partner verlieben, sondern lediglich in das Gefühl, das ihr Partner ihnen vermittelt: nämlich ein begehrenswerter und liebenswürdiger Mensch zu sein.

Die Liebe ist ein Paradoxon in sich und trotzdem für die meisten Menschen lebensnotwendig, denn ohne Liebe gibt es kein wahrhaftiges Leben.

Liebe, sie ist das stärkste Gefühl des Hingezogenseins, das der menschliche Organismus in seiner Seele verspüren kann, und zugleich kann daraus das schlimmste Leid entstehen.

Es existieren unzählige Filme, Geschichten und Gedichte über die Liebe. Es gibt Sprüche, Zitate und Songtexte, in denen man versucht, die Liebe zu erklären und ihrem einzigartigen Phänomen näherzukommen, doch die Liebe ist und bleibt ein kleines Mysterium und gerade das macht sie aus.

Schon die alten Gelehrten haben sich mit der Liebe beschäftigt, doch keiner konnte den Zauber der Liebesmagie je richtig entschlüsseln.
So sagte bereits Platon über die Liebe: „Liebe ist eine schwerwiegende Geisteskrankheit."
Ganz so schlimm sah es der Dramatiker Euripides nicht und meinte: „Die Liebe ist von allen Krankheiten noch die gesündeste."
Doch in einem waren sich die beiden wohl einig, dass es sich bei der Liebe um eine gewisse Art von Krankheit handeln muss, da man nicht mehr der Herr seiner eigenen Sinne ist.

Die Liebe ändert unser gesamtes körperliches Empfinden: Unser Kopf kann ständig nur noch an diesen einen Menschen denken, unser Herz wird vom vielen Vermissen schwer und unser Bauch ist die Heimat eines ganzen Schwarms von Schmetterlingen.
Wenn wir diese Empfindungen haben und obendrein den Eindruck, dass wir mit Bestimmtheit den Verstand verlieren, dann ist mit nahezu hundertprozentiger Sicherheit davon auszugehen, dass wir verliebt sind.

Doch wie beginnen wir die Liebelei oder woran erkennen wir am Ende, ob wir wirklich von Liebe reden können, wenn die anfängliche Verliebtheit wieder ausgezogen ist und die Schmetterlinge mitgenommen hat?
Liebe ist ein buntes Knäuel von vielen unterschiedlichsten Gefühlen, wie: Vertrautheit, Wertschätzung, Respekt, Toleranz, Loyalität, Verbundenheit und Akzeptanz.

Grundvoraussetzung, diese Liebe empfinden zu können, ist, dass wir uns selbst lieben und respektieren, so wie wir sind, denn nur mit den Dingen und Gefühlen, die in uns selbst in Frieden leben, können wir im Außen in Resonanz gehen und somit auch die Liebe finden.

Liebe ist eine Summe von allen positiven Erfahrungen, die wir seit unserer Geburt gemacht haben und die sich als feste Emotionen in uns niedergelassen haben, so dass wir daraus Selbstbewusstsein, Selbstliebe und Selbstvertrauen entwickeln konnten.

So ist es mit der Liebe, man kann noch so viel über sie reden oder über sie nachdenken, plötzlich ist sie da, wo wir sie vorher nie vermutet hätten, und wir können sie spüren, ein jeder auf seine ganz eigene Art und Weise.

Liebe ist ein so großes und starkes Gefühl und doch dabei in sich auch wieder ambivalent.

Viele schwelgen auf Wolke sieben, doch andere verspüren nur Eifersucht und Zurückgewiesenwerden.

Deshalb ist es so wichtig, dass man in sich selbst einen Raum findet, in dem immer Liebe und Frieden herrscht. Einen Raum, in dem die eigene Seele immer heil und glückselig sein darf, egal, was im Außen gerade geschieht. Einen Rückzugsort für die Seele mit ganz viel Selbstbewusstsein und Selbstvertrauen, so dass die Eigenliebe in einem gesunden Maß das Fundament des Lebens darstellt, von dem aus man immer wieder genügend Kraft entwickeln kann, das Leben mit all seinen so vielen unterschiedlichsten Facetten zu meistern.

Daher pass immer gut auf die **Glückseligkeit** Deiner Seele auf, achte und schütze sie.

G – abe
L – achen
Ü – berraschung
C – ourage
K – reativ
S – orgenfrei
E – infühlsam
L – ebendig
I – ntuition
G – lücklicher
K – indlich
E – rfolg
I – nspiration
T – agträume

Wenn die **Gabe** der Liebe einem das **Lachen** ins Gesicht zaubert, ist die **Überraschung** für das Herz groß, es bekommt mehr **Courage** und der Kopf wird **kreativ**. So wird das Leben **sorgenfrei**, und **einfühlsam** kann ganz **lebendig** mit viel **Intuition** ein neuer **glücklicher** Abschnitt des Seins beginnen.
So darf die Seele **kindlich** sein, denn das ist ihr größter **Erfolg**, wenn sie mit **Inspiration** alle **Tagträume** Wirklichkeit werden lässt.

Fang an, Dein Leben zu lieben und Dich von den Facetten der Liebe begleiten zu lassen, denn überall, wo wahre Liebe ist, hat das Leid keinen Platz.

LIEBE UND GLÜCKSELIGKEIT

Wenn alles schweigt,
sich kein Unheil mehr zeigt.
Das Herz leise hüpft
und der Bauch das Band der Intuition knüpft.
Dann steht die Zeit still,
der Kopf weiß nicht mehr, was er will.
Denn die Vernunft wurde fortgejagt,
da das Gefühl nur noch nach der Liebe fragt.
So hält die Glückseligkeit Einzug ins Leben
und alle Emotionen beginnen zu schweben.
Das Sein zeigt sich von seiner schönsten Seite
und alles Unheil sucht das Weite.
Dann kommt ein Glitzern in das Leben rein,
wenn das Herz nicht mehr ist allein
und unsere Glückseligkeit wird die Liebe sein.

So ist die Liebe im Leben der rote Faden, der uns ständig begleitet und niemals ganz verschwindet.

Liebe lässt unser Herz hüpfen, Purzelbäume schlagen und vor Sehnsucht rasen, dadurch ist Liebe Sehnsucht und Schmerz zugleich und breitet sich über die Region unseres Herzens in unserem gesamten Körper aus.

Liebe ist gütig und in ihr lebt ein Stück Ewigkeit, was nicht loslassen möchte, und dadurch werden immer wieder neue Abenteuer in unser Leben kommen.

STIMM DICH AUF DIE LIEBE EIN UND LASS SO DAS GLÜCK HEREIN.

DENN HAT SIE DICH EINMAL GEFUNDEN, HAT ALLE VERRÜCKTHEIT DIE VERNUNFT ÜBERWUNDEN.

ERSTER STREICH ...

Die **Zukunft der Liebe** liegt vor uns. Denn **Die Gefühle müssen raus**, damit die **Farben der Liebe** im **Wunderland** unseres Herzens einziehen.

Liebe ist ... ein **Himmelsgeschenk**, und das **Virus der Liebe** wird uns alle anstecken.

So wird die **Verliebtheit** zum **Gefühl der Liebe**, damit die **Kraft der Liebe** einen jeden erreicht und **Liebe und Vernunft** sich nicht mehr gegenseitig ausschließen!

ZUKUNFT DER LIEBE

Wie wird sich die Zukunft der Liebe entwickeln?
Wird es sie noch geben in ein paar Jahren?
Wie werden wir zu dem, der wir mal waren?
Gibt es langfristig gesehen das Gefühl
oder ist es nur Kalkül?
Wird es eine Rolle spielen,
oder sind wir alle nur einer von vielen?
Was sollen wir uns von der Zukunft erhoffen,
oder bleibt die Liebe als Frage offen?

DIE GEFÜHLE MÜSSEN RAUS

Liebe schaltet alle Instinkte aus,
so kommt, einmal verliebt, nichts Vernünftiges RAUS!
Es läuft zwar nichts mehr geradeaus,
doch die Gefühle müssen raus.
So ist die Liebe ein kleiner Krieg,
in dem die Verrücktheit die Vernunft besiegt.

FARBEN DER LIEBE

Manchmal ist Liebe bunt,
oftmals pink
oder nur knallrot.
Die Liebe, das schönste Gebot, frei von Not.
In ihrer Welt gibt es kein Verbot,
in ihrem Wesen nur die Sehnsucht tobt,
man deshalb oft das Küssen probt.
Ach, was ich mir das Leben und die Liebe lob.

WUNDERLAND

Weck mich erst wieder auf,
wenn alles vorbei ist, und bring mir einen Tee ans Bett.
Weck mich bitte erst wieder auf,
wenn alles vorbei ist und meine Gefühle komplett.
Weck mich bitte erst wieder auf,
wenn alles vorbei ist, und reich mir deine Hand,
damit wir gehen können
zusammen in unser eigenes Wunderland.

27

LIEBE IST ...

Liebe ist Zuversicht, Sehnsucht und Halt.
Liebe ist Lachen, ohne Gewalt.
Liebe ist die Freude,
unter Sternen im Freien zu sitzen.
Liebe ist Mut, der in uns wohnt
und neue Wege zu gehen lohnt.
Liebe ist Freude und Zuversicht
und wer braucht diese beiden nicht?
Liebe ist einer Umarmung gleich,
wenn es im Leben für nichts mehr reicht.
Liebe ist Wärme trotz kaltem Wind,
sehende Augen, wenn andre sind blind.
Liebe ist Frohsinn, Hoffnung und Glück
und das alles ohne Trick.
Liebe ist Geben ohne Nehmen,
einfach nur verstehen,
ohne jemals aufzugeben.

HIMMELSGESCHENK

Die Liebe ist ein Himmelsgeschenk
mit Teufels Beitrag obendrauf,
denn nur dadurch kommt nie Langeweile auf.
So ist die Liebe nicht nur aus Zuckerguss
in einem glitzernden verliebten Fluss,
sondern hat Teufelshörnchen
und Monsterzähnchen, die sie zeigen kann.
Es fragt sich das Herz nur immer, wann?
So gibt es keine Beziehung ohne Wunden,
da der Teufel hat den Liebeskummer erfunden.

VIRUS DER LIEBE

Wenn das Herz vor Freude hüpft,
die Vernunft in den Abgrund stürzt,
die Schmetterlinge Tango tanzen im Bauch
und der Kopf rosa Wolken raucht.
Dann hat man sich kein Virus eingefangen,
sondern ist mit seinen Gefühlen baden gegangen.
So werden die Emotionen einen fluten,
alles Böse kommt zum Guten.
Das Leuchten der Sterne kann man in den Augen sehn
und die Sehnsucht wird nie vergehn.
So tanzt man ganz verliebt durch den Tag
und es ist nur noch Frohsinn angesagt.

VERLIEBTHEIT

Meine Seele möchte sich an der Liebe wärmen
und vom Küssen schwärmen.
Mein Geist möchte durch leuchtende Augen sprechen
und mit allen Traurigkeiten brechen.
Mein Herz möchte vom Verliebtsein leben
und sich diesen wundervollen Emotionen hingeben.
So möchte ich mich in Gefühlen verlieren,
um niemals am Leben zu erfrieren.

GEFÜHL DER LIEBE

Die Liebe ist so ein Gefühl,
es lebt mitten im Herzen
und bereitet leider oft Schmerzen.
Deshalb sollte man über die Liebe nie scherzen,
sollte sie feiern, wenn sie einem begegnet,
ist der Tag auch noch so verregnet.
Das Herz wird sich bedanken,
denn es kennt keine Schranken,
so kommt die Liebe nie ins Wanken.
Deshalb lebe der Liebe Gefühl,
dann wird dir im Leben nichts zu viel!

33

KRAFT DER LIEBE

Tief in mir ist mein Herzlein nie betrübt,
sondern einfach nur verliebt
in die Liebe und das Leben,
will durch 1000 Wunder schweben
und den Glitzer in der Zeit erleben,
um allem Bösen zu vergeben.
Sich das schönste Sein zu weben,
um Wolke sieben zu erleben!

LIEBE UND VERNUNFT

Wie steht die Vernunft zur Liebe?

Wie wäre es, wenn nur Vernunft übrig bliebe?

Die alle Liebe vertriebe?

Der Kopf nicht mehr nach dem Herz fragt

und der Bauch ganz verzagt?

Wo wäre dann die Liebe,

wenn Vernunft sie vertriebe?

Alle Seelen wären dann leer,

gäbe es keine Liebe mehr.

Doch irgendwo wäre die Idylle,

dort, wo die vertriebene Liebe sich in Sehnsucht erfülle.

ERKENNTNISSE DES ERSTEN STREICHS ...

GLAUBST Du an die Liebe?

Oder glaubst Du an die Vernunft?

Lass hier Deinen Gefühlen freien Lauf und schreib alle Emotionen auf.

. . . .
. . . .
. . . .
. . . .
. . . .
. . . .
. . . .
. . . .
. . . .
. . . .
. . . .
. . . .

. . . .
. . . .
. . . .
. . . .
. . . .
. . . .
. . . .

. . . .
. . . .
. . . .
. . . .
. . . .
. . . .
. . . .
. . . .
. . . .
. . . .
. . . .
. . . .
. . . .
. . . .
. . . .
. . . .
. . . .
. . . .
. . . .
. . . .
. . . .
. . . .
. . . .
. . . .
. . . .
. . . .
. . . .

ZWEITER STREICH ...

Wenn man einmal erkannt hat, dass die Liebe zu den schönsten und wichtigsten Dingen im Leben gehört, wird das Herz weit und alle Sinne können fliegen!

HÖR AUF, DICH ZU VERBIEGEN, LASS DEINE GEFÜHLE SIEGEN, SO LERNT DEIN HERZ DAS FLIEGEN!

Das Schöne im Menschen ist, **Das Wir** zu erkennen und dass **Das eigene Herz** das **Spiegelbild der Seele** ist. So ist das **Wort der Liebe** mehr als nur ein **Irrgarten des Herzens**, in dem der **Liebeskummer** das **Liebesspiel** beobachtet.

Wir brauchen **Schmetterlinge im Bauch** und **Liebeslieder** im Kopf, damit die **Herzliebe** in uns lebt.

Denn nur die **Naivität der Liebe** kann uns ein Hochgefühl schenken.

DAS SCHÖNE IM MENSCHEN

Such das Schöne in jedem Menschen
und setz dir nicht selbst die Grenzen,
erkenn in jedem seinen Stern
und hab ihn deshalb unendlich gern.
So können wir uns gegenseitig zum Leuchten bringen
und es wird uns eine wundervolle Zukunft gelingen.

Das Wir

Du bist da
und ich bin hier.
Du bist hier
und ich bin da.
So werden wir nie wahr!
Doch vielleicht ist das sogar,
was man Glück nennt,
wenn man keinen Illusionen hinterherrennt
und dankbar bekennt:
Es ist besser, kein Wir zu sein,
denn das hätte nur den Anschein,
nicht mehr frei zu sein.
Und so kann jeder tun, was er will,
letztendlich ist das doch der Seele Ziel!

DAS EIGENE HERZ

Was bewegt uns oft sehr
und macht unsere Augen leer,
so dass das Herz wird ganz schwer?
Es ist die Liebe im Menschen drin,
wenn sie ist ganz ohne Sinn.
Ohne Antwort, wenn sie ruft,
egal, was sie auch versucht.
So dass die Liebe einsam ist
und im Herzen weinend sitzt.
Dann gilt es dem eigenen Herzen zu helfen
und zu schicken 1000 Elfen,
die mit ganz viel Freude helfen
und das Glück und Lachen aufbereiten.
So zeigen sie dem Herzen,
dass der Liebe Sinn,
steckt in jedem selbst nur drin,
wenn man seine eigenen Gefühle akzeptiert
und alles andre ignoriert.

SPIEGELBILD DER SEELE

Das Spiegelbild der Seele zu finden,
das Gefühl, zusammen wird einem alles gelingen.
Eine Sehnsucht, die leise Lieder singt,
als wäre alles vorbestimmt.
Das ist der Grundton, den man Liebe nennt
und trotzdem viel zu oft zu spät erkennt.

WORT DER LIEBE

Die Liebe ist ein seltsames Wort,
es kommt von einem fernen Ort
und lebt in deiner Seele fort.
Die Liebe braucht ein jeder Mensch,
und so kämpf,
dass deine Liebe nie untergeht,
so lernst du deine Gefühle zu verstehen
und die Emotion wird nie vergehen,
sie bleibt in deinem Herz bestehen,
so kann die Liebe ihre Runden drehen.

IRRGARTEN DES HERZENS

Wer kennt sich im Irrgarten des Herzens aus?
Und wie kommt man da wieder raus?
Kann man den Ausgang finden
oder muss man sich ewig an Irrwege binden?
Werden unsere Gefühle das überwinden
und irgendwann die Liebe finden?
Oder ist doch irgendwann nicht irgendwie
nur ein anderes Wort für nie?

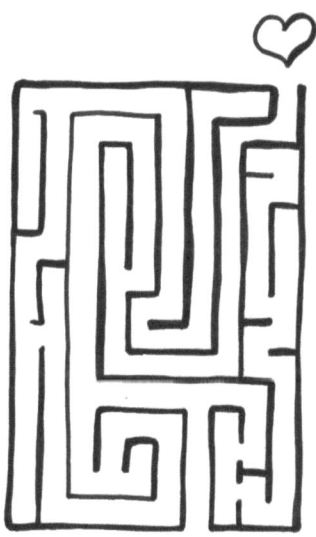

LIEBESKUMMER

Liebeskummer ist ne schlimme Nummer
und macht das Herz noch stummer.
Realistische Argumente zählen nicht,
auch wenn die Vernunft sie spricht.
Hatte doch das Herz sein Hochgefühl,
bevor es dann zu Boden fiel.
Doch liebt es weiter auch im Liegen,
so ist der Boden der Tatsache nicht zufrieden.
Denn ein liebendes Herz erträgt unendlich großen Schmerz.
Es wird sich so schnell von der Liebe nicht trennen,
auch wenn sich seine Gefühle im Irrsinn verrennen.

LIEBESSPIEL

Kann man über Liebe weinen,
kann man über Liebe schreiben,
kann man über Liebe lachen
oder einfach nur das Beste daraus machen?
Die Liebe ist ein wunderbar verrücktes Gefühl
und man bekommt davon nie zu viel.
Also genieße dieses Spiel.

SCHMETTERLINGE IM BAUCH

Einmal Purzelbaum der Gefühle bitte,
für meines Herzens Mitte.
Einmal Schmetterlinge in meinem Bauch
für der Liebe Hauch.
Einmal Glöckchen in den Ohren,
dann fühl ich mich wie neugeboren.
Einmal die Liebe für mein Herz,
damit endlich nichts mehr schmerzt.

LIEBESLIEDER

Liebe kann man zwar beschreiben,
doch in Wirklichkeit nur zeigen.
Die Emotionen wollen leben,
in uns neue Hoffnung geben.
Das Bauchgefühl will tanzen
ohne Schranken.
Dann kommt das Herz auch nicht ins Wanken.
So fühlt sich unsere Seele in Glückseligkeit ganz beschwingt,
wenn das Glück in ihr Liebeslieder singt.

HERZENSLIEBE

Ich will glühen, sprühen, funkeln,
und das nicht nur im Dunkeln.
Will im hellen Licht erstrahlen
und mit Zuckerwatte das Herz bezahlen.
Will überall Ideen wecken
und die versteckten Probleme erschrecken.
Will den Sinn des Lebens finden
und alle Traurigkeit wird schwinden.
Will vor Freude unendlich viel lachen,
morgens mit Glück im Herzen erwachen.
Ich will lieben, leben, strahlen
und die Welt vor allem Unheil bewahren.

NAIVITÄT DER LIEBE

Die erschreckende Naivität der Liebe
ist aus der Emotion gesät,
so ist es zu spät,
denn ist sie einmal erblüht,
dann glüht ein Feuer aus ihr
und wird zum Flächenbrand werden
und jegliche Vernunft gefährden.
So kann aus Naivität der schönste Lebenssinn entstehen
und die Liebe wird nie mehr vergehen.

ERKENNTNISSE DES ZWEITEN STREICHS ...

WIE fühlt sich das Spiegelbild Deines Herzens an?
Hast Du Schmetterlinge im Bauch oder einen Irrgarten im Herzen und kannst
Du noch über die Liebe scherzen?
Notiere Deine Gefühle hier, dann gehören sie alle zu Dir!

. . . .
. . . .
. . . .
. . . .
. . . .
. . . .
. . . .
. . . .
. . . .
. . . .
. . . .
. . . .
. . . .
. . . .
. . . .
. . . .
. . . .

· ·
· ·
· ·
· ·
· ·
· ·
· ·
· ·
· ·
· ·
· ·
· ·
· ·
· ·
· ·
· ·
· ·
· ·
· ·
· ·
· ·

DRITTER STREICH ...

Ein Herz voller Liebe kann durch nichts und niemanden je aufgehalten werden, somit wird die Liebe immer siegen!

DIE VERNUNFT GEHT, DIE LIEBE BLEIBT UND ÜBERSTEHT DIE DUNKLE ZEIT.

Zu oft gelaufene Wege und eine **Offene Rechnung** sind eine **Methode des Wahnsinns**, so gibt es **Herzschmerz, Liebe und Leid,** was für **Das blöde Gerede** im Leben sorgt.

Eigentlich sollten wir vielmehr durch **Die Augen des anderen** schauen, damit **Fröhliche Lieder** einziehen können und unser **Charakter** es zulässt, in die **Herzöffnung** einzustimmen.
Dadurch wird **Die Akademie der Liebe Deine Augen** sanft öffnen und Du kannst sie sehen: die wahre Liebe!

ZU OFT GELAUFENE WEGE

Ich hör in mich rein,
frag: „Kann das sein?"
Verlauf mich dauernd auf zu oft gegangenen Wegen,
weiß, nur ich selbst kann mir noch Hoffnung geben.
So mag ich zu meinem besten Freund werden.
Um mein Herz nicht länger zu gefährden,
schalt ich schnell den Selbstschutz an
und werd mir zeigen, was ich kann.

OFFENE RECHNUNG

Ich hab noch eine Rechnung offen mit dem Leben.
Es soll mir endlich die große Liebe geben.
Jemand, der mich einfach mag
und mich nicht nach meinen Ecken fragt.
Jemand, der mich entzündet an allen Enden
und mir hilft, das Leben zu wenden.
So dass alles Schöne in mir erwacht
und der Seele ein Herzchen macht.

METHODE DES WAHNSINNS

Ein Wahnsinn, der Methode hat
und der zu sich selbst Liebe sagt.
So kommt ein total verrücktes Sein
mitten in mein Herz hinein.
Alles Surreale beginnt zu leben
und die Verrücktheit lernt das Schweben.
So ist die Liebe eben,
sie wird uns ein Stück Wahnsinn geben.

61

HERZSCHMERZ

Wenn ich mich selbst mehr mag,
ich alle Dinge besser ertrag.
Ich in meiner Mitte bin
und mir geb den besten Sinn.
Ich meiner Seele Leid versteh
und mit mir selbst ausgeh,
dann tut mir auch das Herz nicht weh.

LIEBE UND LEID

Wie groß ist die Liebe,
wie groß ist das Leid?
Und ohne das eine ist man nie für das andre bereit.
So vergeht die Zeit
und man muss schauen, was übrig bleibt.

DAS BLÖDE GEREDE

Weißt du, was ich denke?
Dass wir uns alle zu wenig Liebe schenken.
Weißt du, was ich meine?
Lasst einander nie alleine.
Weißt du, wovon ich rede,
wenn ich sage, unterlasst das blöde Gerede?
Fangt an, einander in die Augen zu schauen,
hört auf, nur überall Mauern zu bauen.
Beginnt, den anderen zu verstehen,
dann wird die Liebe nie vergehen.

DIE AUGEN
DES ANDEREN

Sich selbst in den Augen des anderen sehen
und die eigenen Wünsche verstehen.
Mit den Gedanken im Gleichklang sein
und im Herzen nicht mehr allein.
Das ist das Gefühl, das man Liebe nennt,
wenn keiner ist sich mehr fremd.

FRÖHLICHE LIEDER

Jeder hat was, das ihn erfreut,
und jeder was fürs Leid,
alles zu seiner Zeit.
So ist der Gang des Erdenseins,
auch wenn jeder einmal weint,
wird er doch auch bald das Lachen wiedergewinnen
und mit der Liebe Lieder singen.
Sich fröhlich nach den Freuden sehnen
und die Traurigkeit nicht mehr erwähnen.
So geht des Lebens Philosophie,
mit viel Liebe für das große WIE.

CHARAKTER

Alles Äußere vergeht,
doch der Charakter besteht,
er bleibt und entwickelt sich,
das ist das, was durch die Seele spricht.
Deshalb sieht man nur mit dem Herzen gut,
denn da spürt man der Seele Glut.
So lasst die Liebe durch Herz und Seele sprechen,
denn nur so können die Ketten brechen.

HERZÖFFNUNG

Wenn alles geht,
die Liebe bleibt
und übersteht die dunkle Zeit.
So sei bereit,
dein Herz zu öffnen,
auch wenn deine inneren Kinder es nicht möchten.
So kommt der Tag, an dem du dich nichts mehr fragst
und deine Seele nichts mehr jagt,
weil nichts mehr an deinem Herzen nagt
und die Liebe alles wagt.

DIE AKADEMIE DER LIEBE

Wenn man in der Akademie der Liebe
Briefe über Gefühle schriebe
und lehrte groß die Emotion,
dann glaubte jedermann, er kann es schon.
So fühlt sich ein jeder voll erfüllt
und glaubt, die Sehnsucht der Liebe wäre gestillt,
doch dabei ist die unbelehrte Liebe noch ganz wild,
will sie doch ihr Herzblut geben
und auf Wolke sieben schweben.
So ist die Akademie der Liebe raus,
denn Lieben lehren führt zum Aus,
denn das Herz will den Applaus.

DEINE AUGEN

All das kann ich nur in deiner Seele sehen.
All das kann ich nur durch dich verstehen.
All das hab ich tief in dir gefunden
und nun heilen meine Wunden.
Endlich kann ich auch mich selbst verstehen,
seit ich hab mich in deinen Augen gesehen.

ERKENNTNISSE DES DRITTEN STREICHS ...

KANNST Du durch die Augen des anderen sehen
und dessen Gefühle verstehen?
Ist Dein Herz offen, oder willst Du nicht mehr darauf hoffen?
Schreibe es hier nieder, dann kommen nur die schönen Gefühle wieder!

. . . .
. . . .
. . . .
. . . .
. . . .
. . . .
. . . .
. . . .
. . . .
. . . .
. . . .
. . . .
. . . .
. . . .
. . . .
. . . .
. . . .

. . . .

. . . .

. . . .

. . . .

. . . .

. . . .

. . . .

. . . .

. . . .

. . . .

. . . .

. . . .

. . . .

. . . .

. . . .

. . . .

. . . .

. . . .

. . . .

. . . .

. . . .

. . . .

. . . .

VIERTER STREICH ...

Wenn wir durch die Augen des anderen sehen, werden wir lernen, die Welt zu verstehen, denn nur die Liebe kann uns glückselig machen.

LASST UNS AUS VOLLEM HERZEN LACHEN UND VERRÜCKTE SACHEN MACHEN. SO WIRD DIE LIEBE SIEGEN IN UNS DRIN UND IST FÜR ALLE ZEIT DER HAUPTGEWINN.

Die **Wege der Liebe** sind wie ein **Endloser Sommer** und ein **Wiedererkennen der Seele**.

Deshalb lasst uns mehr **Über die Liebe reden**, denn **Liebe schlägt die Wissenschaft**.

Da, wo die Liebe ist, sind auch **Funkelaugen**, und wer **Aus Liebe** handelt, wird am Ende immer den **Sieg der Liebe** erleben.
So ist die **Liebelei Endlos** im Leben, und unser **Letzter Versuch** sollte immer der Liebe gelten!

WEGE DER LIEBE

Liebe kann, aber muss nicht.
Liebe will, aber soll nicht.
Liebe ist und Liebe war
irgendwo schon immer da.
So ist die Liebe frei
und hat für jeden was dabei.
Da kann Herzensfreude entstehen
und ihre eigenen Wege gehen.

ENDLOSER SOMMER

Wenn das schönste Gefühl ein Spiel ist,
muss es einfach Liebe sein.
Ein Gefühl wie endloser Sommer,
eine sternenklare Nacht
mit einem Engel, der über sie wacht.
Ein Gefühl wie Strand und Meer
oh, wie liebe ich die Liebe sehr.
Ein Gefühl wie Vanilleeis, außen kalt
und doch auch heiß,
weil niemand immer alles weiß.
Eine wundervolle Melodie,
sie vergeht im Leben nie.
Lass dich von ihr begleiten
in guten wie in schlechten Zeiten
wird sie immer neue Lieder schreiben.
So vergeht der Sommer im Herzen nie,
auch wenn der Bauch oft schon um Hilfe schrie.

WIEDERERKENNEN DER SEELE

Es ist ein In-die-Augen-Schauen,
dem anderen still vertrauen.
Es ist ein Sich-in-der-Seele-Wiedererkennen,
jeden Atemzug an Glück gewinnen.
Es ist ein In-die-Arme-Nehmen,
sich einander ganz hingeben.
Es ist so viel und doch so wenig
und macht unsere Seele selig.
Es ist die Liebe in unserem Leben,
was kann es da noch Schöneres geben?

ÜBER DIE LIEBE REDEN

Lasst uns über die Liebe reden
und nicht über irgendwelche Fehden.
Lasst uns an das Lachen denken
und unsere Wege Richtung Freude lenken.
Lasst uns unsere Gefühle leben,
so können wir durch unser Leben schweben.

LIEBE SCHLÄGT DIE WISSENSCHAFT

Liebe geht nie konform,
sie ist immer enorm.
Liebe ist eine Innovation
und kein erforschter Klon.
Liebe schlägt die Wissenschaft
und ist aus Ideologie erschaffen,
Liebe ist Freiheit, Gefühl und Emotion,
eine Variante des Herzens in eigener Version.

DA, WO DIE LIEBE IST

Da, wo die Liebe ist, ist alles möglich.
Da, wo die Liebe ist, geht die Hoffnung nie aus.
Da, wo die Liebe ist, wird das Glück wohnen
und das Leben wird sich lohnen.
Denn da, wo Liebe ist,
geht auch die Freude niemals aus.
Also lass die Liebe raus!

FUNKELAUGEN

Ich brauch mal was mit Brausebauch und Funkelaugen.
Ich brauch mal was mit Glitzer
und einer Menge bunter Spritzer.
Ich brauch mal was mit Herzklopfen
und Dauergrinsen im Gesicht.
Jemand, der in Gefühlen zu mir spricht,
damit mein Sein die Liebe nicht vergisst.

AUS LIEBE

Aus Liebe kann alles entstehen,
aus Liebe wird alles vergehen.
Nur aus Liebe sind wir hier,
nur aus Liebe zusammen ein Wir.
So ist die Liebe unsere Zier,
denn sie ist ganz ohne Gier.

SIEG DER LIEBE

Die Vernunft ist nie verliebt,
denn dann wäre sie direkt besiegt.
Sie will immer artig sein,
doch so bleibt sie nur langweilig und allein,
es kann kein Abenteuer rein.
So weiß sie nicht, was es heißt, frei zu sein,
dadurch ist die Vernunft ein trauriges Ding
und kennt nicht des Lebens Sinn.

86

LIEBELEI

Wie schnell geht doch die Liebelei,
wie schnell ist sie da und auch vorbei.
So wie man ein Strohfeuer entfacht
und es erkaltet in der Nacht.
Deshalb gib auf deine Gefühle acht,
lehre sie das Lieben sacht,
damit die wahre Liebe wieder erwacht.

ENDLOS

Hat man die wahre Liebe mal gefunden,
hält sie für ein Leben, nicht für Stunden.
Sie ist selten, doch unendlich wahr.
Sie ist für alle Herzen da.
Lass auch du dich von der Liebe finden,
um des Seins Schönheit zu gewinnen.
Dann wird das Glück mit deiner Seele tanzen
und dein Leben gerät nie mehr ins Wanken.

LETZTER VERSUCH

Wenn die Emotionen überlaufen
und sich im Herzen die Haare raufen.
Wenn der Sehnsucht Geist erstickt
und im Bauch die Bombe tickt.
Hat der Liebeskummer die Regie übernommen
und man sieht nur noch verschwommen.
Dann wird's Zeit fürs Taschentuch
und einen letzten Versuch,
der Liebe das Leben zu retten:
zu sprengen alle alten Ketten,
sich auf die eigene Leichtigkeit zu besinnen,
damit die Geister des Herzens aufhören zu spinnen,
denn nur so kann man die Liebe des Lebens zurückgewinnen.

ERKENNTNISSE DES VIERTEN STREICHS ...

WAS bedeutet für Dich die Ewigkeit der Liebe und wenn zum Schluss nichts anderes bliebe als eine endlose Sommerliebe?
Notiere Deine Wünsche hier, dann werden sie werden zur Wirklichkeit auf Erden.

. . . .
. . . .
. . . .
. . . .
. . . .
. . . .
. . . .
. . . .
. . . .
. . . .
. . . .
. . . .
. . . .
. . . .
. . . .
. . . .
. . . .

SCHLUSSHOFFNUNG

Ich hoffe,
dass dieses Büchlein Dir dabei helfen konnte,
die Liebe in Dir zu finden,
sie zu bewahren und lebendig werden zu lassen.
Denn nur dort,
wo es Liebe gibt,
gibt es Fröhlichkeit und Glück.
Immer dann,
wenn wir uns daran erinnern,
dass Liebe im Stande ist, alle Wunden zu heilen,
werden Probleme sterben und Kriege vergehen.
Darum verschenkt Liebe,
denn sie kostet nichts und ist doch das Wertvollste,
was wir haben.
Bis bald,
irgendwo in den Gefühlen meiner Welt.

Wundertütenpoet

Besuche mich auf

www.wundertuetenpoet.de